SIMON BOLIVAR

ADDRESS
TO THE
VENEZUELAN CONGRESS
AT ANGOSTURA

February 15, 1819

SIMON BOLIVAR

ADDRESS
TO THE
VENEZUELAN CONGRESS
AT ANGOSTURA
February 15, 1819

CAMBRIDGE
AT THE UNIVERSITY PRESS
1923

CAMBRIDGE UNIVERSITY PRESS
Cambridge, New York, Melbourne, Madrid, Cape Town,
Singapore, São Paulo, Delhi, Mexico City

Cambridge University Press
The Edinburgh Building, Cambridge CB2 8RU, UK

Published in the United States of America by Cambridge University Press, New York

www.cambridge.org
Information on this title: www.cambridge.org/9781107628618

First published 1923
Re-issued 2013

A catalogue record for this publication is available from the British Library

ISBN 978-1-107-62861-8 Paperback

NOTE

SINCE the history of Latin America is prescribed as part of Spanish studies in the University, it is fitting that one of the Spanish texts should emanate from Latin America. Bolívar's address has been chosen both as a historical document and as a characteristic piece of prose. Its occasion demands a brief explanation.

The Captaincy-General of Caracas or of Venezuela, from its establishment in 1742 as a distinct government (extended and reorganized in 1777) subsisted for 80 years under the system of Spanish rule. Miranda, "Precursor of Emancipation," in vain attempted to rouse revolt in 1806. Notwithstanding some infiltration of new ideas, Venezuela remained an acquiescent dependency of the Spanish Bourbon monarchy until the subversion of that monarchy by Napoleon in 1808. In July, 1808, the announcement of the accession of Joseph Bonaparte produced an outburst of indignation in Caracas, and Ferdinand VII was there proclaimed King amid general enthusiasm. In April, 1809, the municipality of Caracas formed a Junta "to preserve the rights of Ferdinand VII" and asserted the "right of the Provinces of America to govern themselves in the absence of a general government." The Junta sent two envoys to London to solicit British support; one of them was Simón Bolívar, a childless widower of 29, a wealthy member of the old Creole aristocracy, who had travelled extensively in Europe.

The improvised Regency of Spain treated the movement as rebellion. The logic of events and the efforts of a few revolutionaries also pointed to separation. A Venezuelan Congress, which assembled in March, 1811, "in the name of Ferdinand VII," issued, three months later, a Proclamation of Independence—the first assertion of complete independence by any Latin-American country. The Congress then drew up a "Federal" Constitution with a Triumvirate as Executive Power, a scheme totally unsuitable and tending to division rather than to union.

This first republican phase was brief. In March, 1812, an earthquake spread destruction in the capital and in other cities. An expedition from the still royalist western provinces met with little resistance. The fortress of Puerto Cabello was abandoned by its commander Bolívar, who went into exile. The ruined capital passed to the royalists.

Thenceforth Bolívar devoted life and fortune to the "patriot" cause. In New Granada, which had now assumed independence, he raised troops for the invasion of Venezuela and fought his way to the capital, which he entered in August, 1813, as "Libertador." A year later, in July, 1814, Caracas fell a second time before royalist reaction: Bolívar was once more an exile. In April, 1815, a Spanish expedition reached Venezuela under General Morillo, who, finding the Venezuelan towns already reduced, passed westward to reconquer New Granada. In 1816 the separatist movement in tropical America appeared to be crushed.

However, bands of *guerrilleros* still kept alive a sporadic struggle. In December, 1816, a flotilla from the Antilles brought munitions and some reinforcements under Bolívar, who was recognized by improvised assemblies as "Supreme Chief of the Republic." He effected some cooperation among the guerrillas, and in July, 1817, took Angostura (now Ciudad Bolívar) a port on the Lower Orinoco, which became the temporary capital, and seat of a provisional government. During the following 18 months the republicans made little progress, and a campaign, which aimed at recovering the northern region and the capital, failed completely. Yet future advance was being prepared by the enlistment of troops in the British Isles and by the election of a Congress to meet at Angostura in January, 1819. Bolívar's address to this Congress proudly ignores the fact that the royalists held most of Venezuela and New Granada, and he assumes the firm existence of the Republic whose political future he traces.

His confidence in victory was justified. In 1819 he marched westward over the Andes to the emancipation of New Granada, thence to return to Venezuela and win decisive victory in 1821. The following three years were devoted to completing the emancipation of Quito, Peru and Bolivia by cooperation with the southern movement which had started from Buenos Aires. But his political hopes were disappointed. Before his premature death in 1831, the three countries, Venezuela, New Granada, Quito, which he had striven to weld together, fell apart and relapsed into disorder. Yet, though he attempted more than was possible then, his political work has not been wasted and means much to those of his countrymen who aim at orderly and stable reconstitution.

There is an extensive literature concerning Bolívar. The *Cambridge Modern History*, vol. x, ch. 9 gives a brief narrative of the movement of emancipation. Fuller accounts are F. L. Petre, *Simón Bolívar* (London, 1910), Larrazabal, *Vida del Libertador Simón Bolívar* (Editorial America, 1918); *Memorias del General O'Leary* (Editorial America, 1915).

F. A. KIRKPATRICK

DISCURSO

PRONUNCIADO POR EL GENERAL BOLÍVAR
AL CONGRESO GENERAL DE VENEZUELA EN
EL ACTO DE SU INSTALACIÓN

SEÑOR: ¡Dichoso el ciudadano que bajo el escudo de las armas de su mando ha convocado la Soberanía Nacional, para que ejerza su voluntad absoluta! Yo, pues, me cuento entre los seres más favorecidos de la Divina Providencia, ya que he tenido el honor de reunir a los Representantes del Pueblo de Venezuela en este Augusto Congreso, fuente de la autoridad legítima, depósito de la voluntad soberana y árbitro del Destino de la Nación.

Al transmitir a los Representantes del Pueblo el Poder Supremo que se me había confiado, colmo los votos de mi corazón, los de mis conciudadanos y los de nuestras futuras generaciones, que todo lo esperan de vuestra sabiduría, rectitud y prudencia. Cuando cumplo con este dulce deber, me liberto de la inmensa autoridad que me agobiaba, como de la responsabilidad ilimitada que pesaba sobre mis débiles fuerzas. Solamente una necesidad forzosa, unida a la voluntad imperiosa del Pueblo, me habría sometido al terrible y peligroso encargo de *Dictador Jefe Supremo de la República*. Pero ya respiro devolviéndoos esta autoridad, que con tanto riesgo, dificultad y pena he logrado mantener en medio de las tribulaciones más horrorosas que pueden afligir a un cuerpo social.

No ha sido la época de la República, que he presidido, una mera tempestad política, ni una guerra sangrienta, ni una anarquía popular; ha sido, sí, el desarrollo de todos los elementos desorganizadores: ha sido la inundación de un torrente infernal que ha sumergido la tierra de Venezuela. Un hombre ¡y un hombre como yo! ¿qué diques podría oponer al ímpetu de estas devastaciones? En medio de este piélago de angustias no he sido más que un vil juguete del huracán revolucionario que me arrebataba como una débil paja. Yo no he podido hacer ni bien ni mal. Fuerzas irresistibles han dirigido la marcha de nuestros sucesos. Atribuírmelos no sería justo, y sería darme una importancia que no merezco. ¿Queréis conocer los autores de los acontecimientos pasados y del orden actual? Consultad los anales de España, de América, de Venezuela: examinad las leyes de Indias, el régimen de los antiguos mandatarios, la influencia de la religión y del dominio extranjero: observad los primeros actos del Gobierno Republicano, la ferocidad de nuestros enemigos y el carácter nacional. No me preguntéis sobre los efectos de estos trastornos, para siempre lamentables. Apenas se me puede suponer simple instrumento de los grandes móviles que han obrado sobre Venezuela. Sin embargo, mi vida, mi conducta, todas mis acciones públicas y privadas están sujetas a la censura del pueblo. ¡Representantes! Vosotros debéis juzgarlas. Yo someto la historia de mi mando a vuestra imparcial decisión: nada añadiré para excusarla: ya he dicho cuanto puede hacer mi apología. Si merezco vuestra aprobación, habré alcanzado el sublime título de buen ciudadano, preferible para mí al de *Libertador* que me dió Venezuela, al de *Pacificador* que me dió Cundinamarca, y a los que el mundo entero puede darme.

¡Legisladores! Yo deposito en vuestras manos el

mando supremo de Venezuela. Vuestro es ahora el augusto deber de consagraros a la felicidad de la República: en vuestras manos está la balanza de nuestros destinos, la medida de nuestra gloria: ellas sellarán los decretos que fijen nuestra Libertad. En este momento el Jefe Supremo de la República no es más que un simple ciudadano, y tal quiere quedar hasta la muerte. Serviré, sin embargo, en la carrera de las armas, mientras haya enemigos en Venezuela. Multitud de beneméritos hijos tiene la patria capaces de dirigirla: talentos, virtudes, experiencia y cuanto se requiere para mandar a hombres libres, son el patrimonio de muchos de los que aquí representan al pueblo, y fuera de este Soberano Cuerpo se encuentran ciudadanos que en todas épocas han mostrado valor para arrostrar los peligros, prudencia para evitarlos, y el arte, en fin, de gobernarse y de gobernar a otros. Estos ilustres varones merecerán, sin duda, los sufragios del Congreso y a ellos se encargará del Gobierno, que tan cordial y sinceramente acabo de renunciar para siempre.

La continuación de la autoridad en un mismo individuo frecuentemente ha sido el término de los gobiernos democráticos. Las repetidas elecciones son esenciales en los sistemas populares, porque nada es tan peligroso como dejar permanecer largo tiempo en un mismo ciudadano el Poder. El pueblo se acostumbra a obedecerle, y él se acostumbra a mandarlo, de donde se origina la usurpación y la tiranía. Un justo celo es la garantía de la libertad republicana, y nuestros ciudadanos deben temer con sobrada justicia que el mismo Magistrado, que los ha mandado mucho tiempo, los mande perpetuamente.

Ya, pues, que por este acto de mi adhesión a la Libertad de Venezuela puedo aspirar a la gloria de ser contado entre sus más fieles amantes, permitidme, Señor, que exponga con la franqueza de un verdadero republicano mi respetuoso dictamen en este *Proyecto de Constitución*, que me tomo la libertad de ofreceros en testimonio de la sinceridad y del candor de mis sentimientos. Como se trata de la salud de todos, me atrevo a creer que tengo derecho para ser oído por los Representantes del Pueblo. Yo sé muy bien que vuestra sabiduría no ha menester de consejos, y sé también que mi Proyecto acaso os parecerá erróneo, impracticable. Pero, Señor, aceptad con benignidad este trabajo, que más bien es el tributo de mi sincera sumisión al Congreso, que el efecto de una levedad presuntuosa. Por otra parte, siendo vuestras funciones la creación de un cuerpo político, y aun se podría decir, la creación de una sociedad entera, rodeada de todos los inconvenientes que presenta una situación la más singular y difícil, quizás el grito de un ciudadano puede advertir la presencia de un peligro encubierto o desconocido.

Echando una ojeada sobre lo pasado, veremos cuál es la base de la República de Venezuela.

Al desprenderse la América de la monarquía española, se ha encontrado semejante al imperio romano, cuando aquella enorme masa cayó dispersa en medio del antiguo mundo. Cada desmembración formó entonces una nación independiente, conforme a su situación o a sus intereses; pero con la diferencia de que aquellos miembros volvían a restablecer sus primeras asociaciones. Nosotros ni aun conservamos los vestigios de lo que fué en otro tiempo: no somos

europeos, no somos indios, sino una especie media
entre los aborígenes y los españoles. Americanos por
nacimiento, y europeos por derechos, nos hallamos
en el conflicto de disputar a los naturales los títulos
de posesión, y de mantenernos en el país que nos vió
nacer contra la oposición de los invasores; así, nuestro
caso es el más extraordinario y complicado. Todavía
hay más: nuestra cuerte ha sido siempre puramente
pasiva, nuestra existencia política ha sido siempre nula,
y nos hallamos en tanta más dificultad para alcanzar
la libertad, cuanto que estábamos colocados en un
grado inferior al de la servidumbre; porque no solamente se nos había robado la libertad, sino también
la tiranía activa y doméstica. Permítaseme explicar
esta paradoja.

En el régimen absoluto, el poder autorizado no
admite límites. La voluntad del déspota es la ley
suprema ejecutada arbitrariamente por los subalternos
que participan de la opresión organizada, en razón de
la autoridad de que gozan. Ellos están encargados de
las funciones civiles, políticas, militares y religiosas;
pero al fin son persas los sátrapas de Persia, son turcos
los bajaes del Gran Señor, son tártaros los Sultanes
de la Tartaria. La China no envía a buscar mandarines
a la cuna de Gengiskhan que la conquistó. Por el
contrario, la América todo lo recibía de España, que
realmente la había privado del goce y ejercicio de la
tiranía activa; no permitiéndonos sus funciones en
nuestros asuntos domésticos y administración interior.
Esta abnegación nos había puesto en la imposibilidad
de conocer el curso de los negocios públicos: tampoco
gozábamos de la consideración personal que inspira
el brillo del poder a los ojos de la multitud, y que es de

tanta importancia en las grandes revoluciones. Lo diré
de una vez, estábamos abstraídos, ausentes del universo,
en cuanto era relativo a la ciencia del gobierno.

Uncido el pueblo americano al triple yugo de la
ignorancia, de la tiranía y del vicio, no hemos podido
adquirir ni saber, ni poder, ni virtud. Discípulos de
tan perniciosos maestros, las lecciones que hemos
recibido, y los ejemplos que hemos estudiado, son
los más destructores. Por el engaño se nos ha domin-
ado más que por la fuerza, y por el vicio se nos ha
degradado más bien que por la superstición. La
esclavitud es la hija de las tinieblas; un pueblo ignorante
es un instrumento ciego de su propia destrucción: la
ambición, la intriga abusan de la credulidad y de la
inexperiencia de hombres ajenos de todo conocimiento político, económico o civil: adoptan como reali-
dades las que son puras ilusiones; toman la licencia
por la libertad, la traición por el patriotismo, la ven-
ganza por la justicia. Semejante a un robusto ciego
que instigado por el sentimiento de sus fuerzas, marcha
con la seguridad del hombre más perspicaz, y dando
en todos los escollos no puede rectificar sus pasos.

Un pueblo pervertido, si alcanza su libertad, muy
pronto vuelve a perderla; porque en vano se esfor-
zarán en mostrarle que la felicidad consiste en la
práctica de la virtud, que el imperio de las leyes es
más poderoso que el de los tiranos, porque son más
inflexibles, y todo debe someterse a su benéfico rigor;
que las buenas costumbres, y no la fuerza, son las
columnas de las leyes; que el ejercicio de la justicia
es el ejercicio de la libertad. Así, Legisladores, vuestra
empresa es tanto más improba, cuanto que tenéis que
constituir a hombres pervertidos por las ilusiones del

error, y por incentivos nocivos. La libertad, dice
Rousseau, es un alimento suculento, pero de difícil
digestión. Nuestros débiles conciudadanos tendrán
que robustecer su espíritu mucho, antes que logren
digerir el saludable nutrimento de la libertad. En-
tumidos sus miembros por las cadenas, debilitada su
vista en las sombras de las mazmorras, y aniquilados
por las pestilencias serviles, ¿serán capaces de marchar
con paso firme hacia el augusto templo de la libertad?
¿Serán capaces de admirar de cerca sus espléndidos
rayos y respirar sin opresión el éter puro que allí reina?

Meditad bien vuestra elección, Legisladores. No
olvidéis que vais a echar los fundamentos a un pueblo
naciente que podrá elevarse a la grandeza que la
naturaleza le ha señalado, si vosotros proporcionáis
su base al eminente rango que le espera. Si vuestra
elección no está presidida por el genio tutelar de
Venezuela, que debe inspiraros el acierto al escoger
la naturaleza y la forma de gobierno que vais a adop-
tar para la felicidad del pueblo; si no acertáis, repito,
la esclavitud será el término de nuestra transformación.

Los anales de los tiempos pasados os presentarán
millares de gobiernos. Traed a la imaginación las
naciones que han brillado sobre la tierra, y contem-
plaréis afligidos que casi toda la tierra ha sido, y aun
es, víctima de sus gobiernos. Observaréis muchos
sistemas de manejar hombres, mas todos para oprimir-
los; y si la costumbre de mirar al género humano
conducido por pastores de pueblos no disminuyese el
horror de tan chocante espectáculo, nos pasmaríamos
al ver nuestra dócil especie pacer sobre la superficie
del globo, como viles rebaños destinados a alimentar
a sus crueles conductores. La naturaleza, a la verdad,

nos dota al nacer del incentivo de la libertad; mas sea pereza, sea propensión inherente a la humanidad, lo cierto es que ella reposa tranquila, aunque ligada con las trabas que le imponen. Al contemplarla en este estado de prostitución parece que tenemos razón para persuadirnos, que los más de los hombres tienen por verdadera aquella humillante máxima: que más cuesta mantener el equilibrio de la libertad, que soportar el peso de la tiranía. Ojalá que esta máxima, contraria a la moral de la naturaleza, fuese falsa. ¡Ojalá que esta máxima no estuviese sancionada por la indolencia de los hombres con respecto a sus derechos más sagrados!

Muchas naciones antiguas y modernas han sacudido la opresión; pero son rarísimas las que han sabido gozar de algunos preciosos momentos de libertad: muy luego han recaído en sus antiguos vicios políticos; porque son los pueblos, más bien que los gobiernos, los que arrastran tras sí la tiranía. El hábito de la dominación los hace insensibles a los encantos del honor y de la prosperidad nacional, y miran con indolencia la gloria de vivir en el movimiento de la libertad, bajo la tutela de leyes dictadas por su propia voluntad. Los fastos del universo proclaman esta espantosa verdad.

Sólo la democracia, en mi concepto, es susceptible de una absoluta libertad; pero, ¿cuál es el gobierno democrático que ha reunido a un tiempo poder, prosperidad y permanencia? ¿Y no se ha visto por el contrario la aristocracia, la monarquía cimentar grandes y poderosos imperios por siglos y siglos? ¿Qué gobierno más antiguo que el de China? ¿Qué república ha excedido en duración a la de Esparta, a la de Venecia? ¿El imperio romano no conquistó la tierra? ¿No tiene la Francia catorce siglos de monarquía? ¿Quién es más grande que la Inglaterra? Estas naciones, sin embargo, han sido o son aristocracias y monarquías.

A pesar de tan crueles reflexiones, yo me siento arrebatado de gozo por los grandes pasos que ha dado nuestra república al entrar en su noble carrera. Amando lo más útil, animada de lo más justo, y aspirando a lo más perfecto, al separarse Venezuela de la nación española, ha recobrado su independencia, su libertad, su igualdad, su soberanía nacional. Constituyéndose en una república democrática, proscribió la monarquía, las distinciones, la nobleza, los fueros, los privilegios: declaró los derechos del hombre, la libertad de obrar, de pensar, de hablar y de escribir. Estos actos, eminentemente liberales, jamás serán demasiado admirados por la pureza que los ha dictado. El primer congreso de Venezuela ha estampado en los anales de nuestra legislación, con caracteres indelebles, la majestad del pueblo dignamente expresada, al sellar el acto social más capaz de formar la dicha de una nación.

Necesito recoger todas mis fuerzas para sentir con toda la vehemencia de que soy susceptible, el supremo bien que encierra en sí este Código inmortal de nuestros derechos y de nuestras leyes. ¡Pero cómo osaré decirlo! ¿Me atreveré yo a profanar con mi censura las tablas sagradas de nuestras leyes...? Hay sentimientos que no se pueden contener en el pecho de un amante de la patria: ellos rebosan agitados por su propia violencia, y a pesar del mismo que los abriga, una fuerza imperiosa los comunica. Estoy penetrado de la idea de que el gobierno de Venezuela debe reformarse; y aunque muchos ilustres ciudadanos piensan como yo, no todos tienen el arrojo necesario para profesar públicamente la adopción de nuevos principios. Esta consideración me insta a tomar la iniciativa en un asunto de la mayor gravedad, y en que hay sobrada audacia en dar avisos a los Consejeros del Pueblo.

Cuanto más admiro la excelencia de la Constitución Federal de Venezuela, tanto más me persuado de la imposibilidad de su aplicación a nuestro Estado. Y según mi modo de ver, es un prodigio que su modelo en el Norte de América subsista tan prósperamente y no se trastorne al aspecto del primer embarazo o peligro. A pesar de que aquel pueblo es un modelo singular de virtudes políticas y de ilustración moral, no obstante que la libertad ha sido su cuna, se ha criado en la libertad, y se alimenta de pura libertad; —lo diré todo—aunque bajo de muchos respectos este pueblo es único en la historia del género humano, es un prodigio, repito, que un sistema tan débil y complicado como el federal haya podido regirlo en circunstancias tan difíciles y delicadas como las pasadas. Pero sea lo que fuere de este gobierno con respecto a la nación americana, debo decir, que ni remotamente ha entrado en mi idea asimilar la situación y naturaleza de dos Estados tan distintos como el inglés americano y el americano español. ¿No sería muy difícil aplicar a España el código de libertad política, civil y religiosa de Inglaterra? Pues aun es más difícil adaptar en Venezuela las leyes del Norte de América. ¿No dice el *Espíritu de las Leyes* que éstas deben ser propias para el pueblo que se hacen? ¿Que es una gran casualidad que las de una nación puedan convenir a

otra? ¿Que las leyes deben ser relativas a lo físico
del país, al clima, a la calidad del terreno, a su situación, a su extensión, al género de vida de los pueblos?
¿Referirse al grado de libertad que la Constitución
puede sufrir, a la religión de los habitantes, a sus
inclinaciones, a sus riquezas, a su número, a su
comercio, a sus costumbres, a sus modales? ¡He aquí
el Código que debíamos consultar, y no el de
Wáshington!!!

La Constitución venezolana, sin embargo de haber
tomado sus bases de la más perfecta, si se atiende a la
corrección de los principios y a los efectos benéficos de
su administración, difirió esencialmente de la americana
en un punto cardinal, y sin duda el más importante. El
Congreso de Venezuela, como el Americano, participa
de algunas de las atribuciones del Poder Ejecutivo.
Nosotros además subdividimos este poder, habiéndolo
cometido a un cuerpo colectivo sujeto por consiguiente
a los inconvenientes de hacer periódica la existencia del
gobierno, de suspenderla y disolverla siempre que se
separan sus miembros. Nuestro triunvirato carece, por
decirlo así, de unidad, de continuación y de responsabilidad individual; está privado de acción momen-
tánea, de vida continua, de uniformidad real, de
responsabilidad immediata; y un gobierno que no
posee cuanto constituye su moralidad, debe llamarse
nulo.

Aunque las facultades del Presidente de los Estados
Unidos están limitadas con restricciones excesivas,
ejerce por sí solo todas las funciones gubernativas que
la Constitución le atribuye y es indubitable que su
administración debe ser más uniforme, constante y
verdaderamente propia, que la de un poder diseminado

entre varios individuos cuyo compuesto no puede ser menos que monstruoso. El poder judiciario en Venezuela es semejante al americano, indefinido en duración, temporal y no vitalicio: goza de toda la independencia que le corresponde.

El primer Congreso en su constitución federal más consultó el espíritu de las provincias, que la idea sólida de formar una República indivisible y central. Aquí cedieron nuestros legisladores al empeño inconsiderado de aquellos provinciales seducidos por el deslumbrante brillo de la felicidad del pueblo americano, pensando que las bendiciones de que goza son debidas exclusivamente a la forma de gobierno, y no al carácter y costumbres de los ciudadanos. Y en efecto, el ejemplo de los Estados Unidos, por su peregrina prosperidad, era demasiado lisonjero para que no fuese seguido. ¿Quién puede resistir al atractivo victorioso del goce pleno y absoluto de la soberanía, de la independencia, de la libertad? ¿Quién puede resistir al amor que inspira un gobierno inteligente que liga, a un mismo tiempo, los derechos particulares a los derechos generales: que forma de la voluntad común la ley suprema de la voluntad individual? ¿Quién puede resistir al imperio de un gobierno bienhechor que con una mano hábil, activa y poderosa dirige siempre, y en todas partes, todos sus resortes hacia la perfección social, que es el fin único de las instituciones humanas?

Mas por halagüeño que parezca y sea en efecto este magnífico sistema federativo, no era dado a los venezolanos gozarlo repentinamente al salir de las cadenas. No estábamos preparados para tanto bien; el bien, como el mal, da la muerte cuando es súbito y excesivo. Nuestra constitución moral no tenía todavía la consistencia necesaria para recibir el beneficio de un gobierno completamente representativo, y tan sublime cuanto que podía ser adaptado a una república de santos.

¡Representantes del Pueblo! Vosotros estáis llamados para consagrar o suprimir cuanto os parezca digno de ser conservado, reformado, o desechado en nuestro pacto social. A vosotros pertenece el corregir la obra de nuestros primeros legisladores; yo querría decir que a vosotros toca cubrir una parte de las bellezas que contiene nuestro código político; porque no todos los corazones están formados para amar a todas las beldades, ni todos los ojos son capaces de soportar la luz celestial de la perfección. El libro de los Apóstoles, la moral de Jesús, la obra divina que nos ha enviado la Providencia para mejorar a los hombres, tan sublime, tan santa, es un diluvio de fuego en Constantinopla, y el Asia entera ardería en vivas llamas si este libro de paz se le impusiese repentinamente por código de religión, de leyes y de costumbres.

Séame permitido llamar la atención del Congreso sobre una materia que puede ser de una importancia vital. Tengamos presente que nuestro pueblo no es el europeo, ni el americano del norte, que más bien es un compuesto de Africa y de América, que una emanación de la Europa; pues que hasta la España misma deja de ser europea por su sangre africana, por sus instituciones y por su carácter. Es imposible asignar con propiedad a qué familia humana pertenecemos. La mayor parte del indígena se ha aniquilado, el europeo se ha mezclado con el americano y con el africano, y éste se ha mezclado con el indio y

con el europeo. Nacidos todos del seno de una misma
madre, nuestros padres, diferentes en origen y en
sangre, son extranjeros, y todos difieren visiblemente
en la epidermis: esta desemejanza trae un reato de la
mayor trascendencia.

Los ciudadanos de Venezuela gozan todos por la
Constitución, intérprete de la naturaleza, de una
perfecta igualdad política. Cuando esta igualdad no
hubiese sido un dogma en Atenas, en Francia y en
América, deberíamos nosotros consagrarlo para corregir la diferencia que aparentemente existe. Mi opinión
es, Legisladores, que el principio fundamental de
nuestro sistema depende inmediata y exclusivamente
de la igualdad establecida y practicada en Venezuela.
Que los hombres nacen todos con derechos iguales
a los bienes de la sociedad, está sancionado por la
pluralidad de los sabios; como también lo está que
no todos los hombres nacen igualmente aptos a la
obtención de todos los rangos; pues todos deben
practicar la virtud, y no todos la practican; todos
deben ser valerosos, y. todos no lo son; todos deben
poseer talentos, y todos no los poseen. De aquí viene
la distinción efectiva que se observa entre los individuos de la sociedad más liberalmente establecida.
Si el principio de la igualdad política es generalmente
reconocido, no lo es menos el de la desigualdad física
y moral. La naturaleza hace a los hombres desiguales
en genio, temperamento, fuerzas y caracteres. Las
leyes corrigen esta diferencia, porque colocan al
individuo en la sociedad para que la educación, la
industria, las artes, los servicios, las virtudes, le den
una igualdad ficticia, propiamente llamada política
y social. Es una inspiración eminentemente benéfica

la reunión de todas las clases, en un Estado en que la diversidad se multiplicaba en razón de la propagación de la especie. Por este solo paso se ha arrancado de raiz la cruel discordia. ¡Cuántos celos, rivalidades y odios se han evitado!

Habiendo ya cumplido con la justicia, con la humanidad, cumplamos ahora con la política, con la sociedad, allanando las dificultades que opone un sistema tan sencillo y natural, mas tan débil que el menor tropiezo lo trastorna, lo arruina. La diversidad de origen requiere un pulso infinitamente firme, un tacto infinitamente delicado para manejar esta sociedad heterogénea, cuyo complicado artificio se disloca, se divide, se disuelve con la más ligera alteración.

El sistema de gobierno más perfecto es aquel que produce mayor suma de felicidad posible, mayor suma de seguridad social y mayor suma de estabilidad política. Por las leyes que dictó el primer Congreso tenemos derecho de esperar que la dicha sea el dote de Venezuela; y por las vuestras, debemos lisonjearnos que la seguridad y la estabilidad eternizarán esta dicha. A vosotros toca resolver el problema. ¿Cómo después de haber roto todas las trabas de nuestra antigua opresión, podemos hacer la obra maravillosa de evitar que los restos de nuestros duros hierros no se cambien en armas liberticidas? Las reliquias de la dominación española permanecerán largo tiempo antes que lleguemos a anonadarlas: el contagio del despotismo ha impregnado nuestra atmósfera, y ni el fuego de la guerra, ni el específico de nuestras saludables leyes, han purificado el aire que respiramos. Nuestras manos ya están libres, y todavía nuestros corazones padecen de las dolencias de la servidumbre.

El hombre, al perder la libertad, decía Homero, pierde la mitad de su espíritu.

Un gobierno republicano ha sido, es, y debe ser el de Venezuela; sus bases deben ser la soberanía del pueblo, la división de los poderes, la libertad civil, la proscripción de la esclavitud, la abolición de la monarquía y de los privilegios. Necesitamos de la igualdad para refundir, digámoslo así, en un todo, la especie de los hombres, las opiniones políticas y las costumbres públicas. Luego, extendiendo la vista sobre el vasto campo que nos falta por recorrer, fijemos la atención sobre los peligros que debemos evitar. Que la historia nos sirva de guía en esta carrera. Atenas la primera nos da el ejemplo más brillante de una democracia absoluta, y al instante la misma Atenas nos ofrece el ejemplo más melancólico de la extrema debilidad de esta especie de gobierno. El más sabio legislador de Grecia no vió conservar su república diez años, y sufrió la humillación de reconocer la insuficiencia de la democracia absoluta para regir ninguna especie de sociedad, ni aun la más culta, morigerada y limitada, porque sólo brilla con relámpagos de libertad. Reconozcamos, pues, que Solón ha desengañado al mundo, y le ha enseñado cuán difícil es dirigir por simples leyes a los hombres.

La república de Esparta, que parecía una invención quimérica, produjo más efectos reales que la obra ingeniosa de Solón. Gloria, virtud, moral, y por consiguiente la felicidad nacional, fue el resultado de la legislación de Licurgo. Aunque dos reyes en un Estado son dos monstruos para devorarlo, Esparta poco tuvo que sentir de su doble trono; en tanto que Atenas se prometía la suerte más espléndida, con una soberanía

absoluta, libre elección de magistrados, frecuentemente renovados, leyes suaves, sabias y políticas.
Pisistrato, usurpador y tirano, fué más saludable a
Atenas que sus leyes; y Pericles, aunque también
usurpador, fué el más útil ciudadano. La república
de Tebas no tuvo más vida que la de Pelopidas y
Epaminondas; porque a veces son los hombres, no
los principios, los que forman los gobiernos. Los
códigos, los sistemas, los estatutos por sabios que sean,
son obras muertas que poco influyen sobre las socie-
dades: hombres virtuosos, hombres patriotas, hombres
ilustrados constituyen las repúblicas.

La constitución romana es la que mayor poder y
fortuna ha producido a ningún pueblo del mundo;
allí no había una exacta distribucion de los poderes.
Los cónsules, el senado, el pueblo, ya eran legisladores, ya magistrados, ya jueces; todos participaban
de todos los poderes. El Ejecutivo, compuesto de dos
cónsules, padecía el mismo inconveniente que el de
Esparta. A pesar de su deformidad no sufrió la república la desastrosa discordancia que toda previsión
habría supuesto inseparable de una magistratura compuesta de dos individuos, igualmente autorizados, con
las facultades de un monarca. Un gobierno, cuya
única inclinación era la conquista, no parecía destinado
a cimentar la felicidad de su nación. Un gobierno
monstruoso y puramente guerrero elevó a Roma al
más alto esplendor de virtud y de gloria, y formó de
la tierra un dominio romano, para mostrar a los
hombres de cuánto son capaces las virtudes políticas,
y cuán indiferentes suelen ser las instituciones.

Y pasando de los tiempos antiguos a los modernos,
encontraremos la Inglaterra y la Francia, llamando

la atención de todas las naciones, y dándoles lecciones
elocuentes, de todas especies, en materias de gobierno.
La revolución de estos dos grandes pueblos, como un
radiante meteoro, ha inundado al mundo con tal
profusión de luces políticas, que ya todos los seres
que piensan han aprendido cuáles son los derechos
del hombre, y cuáles sus deberes; en qué consiste la
excelencia de los gobiernos, y en qué consisten sus
vicios. Todos saben apreciar el valor intrínseco de las
teorías especulativas de los filósofos y legisladores
modernos. En fin, este astro, en su luminosa carrera,
aun ha encendido los pechos de los apáticos españoles,
que también se han lanzado en el torbellino político,
han hecho sus efímeras pruebas de libertad, han
reconocido su incapacidad para vivir bajo el dulce
dominio de las leyes, y han vuelto a sepultarse en
sus prisiones y hogueras inmemoriales.

Aquí es el lugar de repetiros, Legisladores, lo que
os dice el elocuente Volney en la dedicatoria de sus
Ruinas de Palmira: "A los pueblos nacientes de las
Indias castellanas, a los jefes generosos que los guían
a la libertad: que los errores e infortunios del mundo
antiguo enseñen la sabiduría y la felicidad al mundo
nuevo." Que no se pierdan, pues, las lecciones de la
experiencia, y que las escuelas de Grecia, de Roma,
de Francia, de Inglaterra, y de América nos instruyan
en la difícil ciencia de crear y conservar las naciones
con leyes propias, justas, legítimas y sobre todo útiles.
No olvidando jamás que la excelencia de un gobierno
no consiste en su teoría, en su forma, ni en su mecan-
ismo, sino en ser apropiado a la naturaleza y al
carácter de la nación para quien se instituye.

Roma y la Gran Bretaña son las naciones que más

han sobresalido entre las antiguas y modernas; ambas
nacieron para mandar y ser libres, pero ambas se
constituyeron, no con brillantes formas de libertad,
sino con establecimientos sólidos. Así, pues, os
recomiendo, Representantes, el estudio de la constitución británica, que es la que parece destinada a
operar el mayor bien posible a los pueblos que la
adoptan; pero por perfecta que sea, estoy muy lejos
de proponeros su imitación servil. Cuando hablo del
gobierno británico, sólo me refiero a lo que tiene de
republicano, y a la verdad ¿puede llamarse monarquía
un sistema en el cual se reconoce la soberanía popular,
la división y el equilibrio de los poderes, la libertad
civil, de conciencia, de imprenta, y cuanto es sublime
en la política? ¿Puede haber más libertad en ninguna
especie de república? ¿Y puede pretenderse más en
el orden social? Yo os recomiendo esta constitución
como la más digna de servir de modelo a cuantos
aspiran al goce de los derechos del hombre y a toda
la felicidad política que es compatible con nuestra
frágil naturaleza.

En nada alteraríamos nuestras leyes fundamentales,
si adoptásemos un poder legislativo semejante al
Parlamento Británico. Hemos dividido, como los
americanos, la representación nacional en dos Cáma-
ras: la de Representantes y el Senado. La primera
está compuesta muy sabiamente, goza de todas las
atribuciones que le corresponden, y no es susceptible
de una reforma esencial, porque la constitución le ha
dado el origen, la forma, y las facultades que requiere
la voluntad del pueblo para ser legítima y competente-
mente representada. Si el Senado, en lugar de ser
electivo, fuese hereditario, sería en mi concepto la

base, el lazo, el alma de ñuestra república. Este cuerpo en las tempestades políticas pararía los rayos del gobierno, y rechazaría las olas populares. Adicto al gobierno, por el justo interés de su propia conservación, se opondría siempre a las invasiones que el pueblo intenta contra la jurisdicción y la autoridad de sus magistrados. Debemos confesarlo: los más de los hombres desconocen sus verdaderos intereses, y constantemente procuran asaltarlos en las manos de sus depositarios: el individuo pugna contra la masa, y la masa contra la autoridad. Por tanto es preciso que en todos los gobiernos exista un cuerpo neutro que se ponga siempre de parte del ofendido y desarme al ofensor. Este cuerpo neutro, para que pueda ser tal, no ha de deber su origen a la elección del gobierno, ni a la del pueblo, de modo que goce de una plenitud de independencia, que ni tema, ni espere nada de estas dos fuentes de autoridad. El Senado hereditario, como parte del pueblo, participa de sus intereses, de sus sentimientos y de su espíritu. Por esta causa no se debe presumir que un Senado hereditario se desprenda de los intereses populares, ni olvide sus deberes legislativos. Los senadores en Roma y los Lores en Londres han sido las columnás más firmes sobre que se ha fundado el edificio de la libertad política y civil.

Estos senadores serán elegidos la primera vez por el Congreso. Los sucesores al Senado llaman la primera atención del gobierno, que debería educarlos en un colegio especialmente destinado para instruir aquellos tutores, legisladores futuros de la patria. Aprenderían las artes, las ciencias, y las letras, que adornan el espíritu de un hombre público: desde su infancia ellos sabrían a qué carrera la Providencia

los destinaba, y desde muy tiernos elevarían su alma
a la dignidad que los espera.

De ningún modo sería una violación de la igualdad
política la creación de un Senado hereditario; no es
una nobleza la que pretendo establecer, porque como
ha dicho un célebre republicano, sería destruir a la
vez la igualdad y la libertad. Es un oficio para el
cual se deben preparar los candidatos, y es un oficio
que exige mucho saber y los medios proporcionados
para adquirir su instrucción. Todo no se debe dejar
al acaso y a la ventura en las elecciones: el pueblo
se engaña más fácilmente que la naturaleza perfec-
cionada por el arte; y aunque es verdad que estos
senadores no saldrían del seno de las virtudes, también
es verdad que saldrían del seno de una educación
ilustrada. Por otra parte, los libertadores de Venezuela
son acreedores a ocupar siempre un alto rango en la
república que les debe su existencia. Creo que la
posteridad vería con sentimiento anonadados los
nombres ilustres de sus primeros bienhechores; digo
más, es del interés público, es de la gratitud de
Venezuela, es del honor nacional, conservar con
gloria hasta la última posteridad una raza de hombres
virtuosos, prudentes, y esforzados, que superando
todos los obstáculos, han fundado la república, a costa
de los más heroicos sacrificios. Y si el pueblo de
Venezuela no aplaude la elevación de sus bienhechores,
es indigno de ser libre y no lo será jamás.

Un Senado hereditario, repito, será la base fundamental del Poder Legislativo, y por consiguiente, será
la base de todo el Gobierno. Igualmente servirá de
contrapeso para el gobierno y para el pueblo: será
una potestad intermedia que embote los tiros que

recíprocamente se lanzan estos eternos rivales. En todas las luchas, la calma de un tercero viene a ser el órgano de la reconciliación: así el Senado de Venezuela será la traba de este edificio delicado y harto susceptible de impresiones violentas, será el iris que calmará las tempestades y mantendrá la harmonía entre los miembros y la cabeza de este cuerpo político.

Ningún estímulo podrá adulterar un cuerpo legislativo investido de los primeros honores, dependiente de sí mismo sin temer nada del pueblo, ni esperar nada del gobierno; que no tiene otro objeto que el de reprimir todo principio de mal, y propagar todo principio de bien; y que está altamente interesado en la existencia de una sociedad en la cual participa de sus efectos funestos o favorables. Se ha dicho con demasiada razón que la Cámara alta de Inglaterra es preciosa para la nación, porque ofrece un baluarte a la libertad, y yo añado que el Senado de Venezuela no sólo sería un baluarte de la libertad, sino un apoyo para eternizar la república.

El Poder Ejecutivo británico está revestido de toda la autoridad soberana que le pertenece, pero también está circunvalado de una triple línea de diques, barreras y estacadas. Es jefe del gobierno, pero sus ministros y subalternos dependen más de las leyes que de su autoridad, porque son personalmente responsables, y ni aun las mismas órdenes de la autoridad real los eximen de esta responsabilidad. Es generalísimo del ejército y de la marina; hace la paz y declara la guerra; pero el Parlamento es el que decreta anualmente las sumas con que deben pagarse estas fuerzas militares. Si los tribunales y jueces dependen de él, las leyes emanan del Parlamento que las ha consagrado. Con el objeto de neutralizar su poder, es inviolable y sagrada la persona del rey: al mismo tiempo que le dejan libre la cabeza, le ligan las manos con que debe obrar. El soberano de Inglaterra tiene tres formidables rivales: su Gabinete que debe responder al pueblo y al Parlamento; el Senado que defiende los intereses del pueblo como representante de la nobleza de que se compone; y la Cámara de los Comunes que sirve de órgano y de tribuna al pueblo británico. Además, como los jueces son responsables del cumplimiento de las leyes, no se separan de ellas, y los administradores del erario, siendo perseguidos, no solamente por sus propias infracciones, sino aun por las que hace el mismo gobierno, se guardan bien de malversar los fondos públicos. Por más que se examine la naturaleza del Poder Ejecutivo en Inglaterra, no se puede hallar nada que no incline a juzgar que es el más perfecto modelo, sea para un reino, sea para una aristocracia, sea para una democracia. Apliquese a Venezuela este Poder Ejecutivo en la persona de un Presidente nombrado por el pueblo o por sus representantes, y habremos dado un gran paso hacia la felicidad nacional.

Cualquiera que sea el ciudadano que llene estas funciones, se encontrará auxiliado por la Constitución: autorizado para hacer bien, no podrá hacer mal, porque siempre que se someta a las leyes, sus ministros cooperarán con él; si por el contrario, pretende infringirlas, sus propios ministros lo dejarán aislado en medio de la República, y aun lo acusarán delante del Senado. Siendo los ministros los responsables de las transgresiones que se cometan, ellos son los que gobiernan, porque ellos son los que las pagan. No es la menor ventaja de este sistema la obligación en que pone a los funcionarios inmediatos al Poder Ejecutivo de tomar la parte más interesada y activa en las deliberaciones del gobierno, y a mirar como propio este departamento. Puede suceder que no sea el Presidente un hombre de grandes talentos ni de grandes virtudes, y no obstante la carencia de estas cualidades esenciales, el Presidente desempeñará sus deberes de un modo satisfactorio, pues en tales casos el Ministerio, haciendo todo por sí mismo, lleva la carga del Estado.

Por exorbitante que parezca la autoridad del Poder Ejecutivo de Inglaterra, quizás no es excesiva en la República de Venezuela. Aquí el Congreso ha ligado las manos y hasta la cabeza a los magistrados. Este Cuerpo deliberante ha asumido una parte de las funciones ejecutivas, contra la máxima de Montesquieu, que dice, que un cuerpo representante no debe tomar ninguna resolución activa: debe hacer leyes, y ver si se ejecutan las que hace. Nada es tan contrario a la harmonía entre los poderes, como su mezcla. Nada es tan peligroso con respecto al pueblo, como la debilidad del Ejecutivo; y si en un reino se ha juzgado necesario concederle tantas facultades, en una república son éstas infinitamente más indispensables.

Fijemos nuestra atención sobre esta diferencia, y hallaremos que el equilibrio de los poderes debe distribuirse de dos modos. En las repúblicas el Ejecutivo debe ser el más fuerte, porque todo conspira contra él, en tanto que en las monarquías el más fuerte debe ser el Legislativo, porque todo conspira en favor del monarca. La veneración que profesan los pueblos a la magistratura real es un prestigio que influye poderosamente a aumentar el respeto supersticioso que se tributa a esta autoridad. El esplendor del trono, de la corona, de la púrpura, el apoyo formidable que le presta la nobleza, las inmensas riquezas que generaciones enteras acumulan en una misma dinastía, la protección fraternal que recíprocamente reciben todos los reyes, son ventajas muy considerables que militan en favor de la autoridad real, y la hacen casi ilimitada. Estas mismas ventajas son, por consiguiente, las que deben confirmar la necesidad de atribuir a un magistrado republicano una suma mayor de autoridad que la que posee un príncipe constitucional.

Un magistrado republicano es un individuo aislado en medio de una sociedad, encargado de contener el ímpetu del pueblo hacia la licencia, la propensión de los jueces y administradores hacia el abuso de las leyes. Está sujeto inmediatamente al Cuerpo Legislativo, al Senado, al pueblo: es un hombre solo resistiendo el ataque combinado de las opiniones, de los intereses, y de las pasiones del estado social, que como dice Carnot, no hace más que luchar continuamente entre el deseo de dominar y el deseo de sustraerse a la dominación. Es, en fin, un atleta lanzado contra otra multitud de atletas.

Sólo puede servir de correctivo a esta debilidad el vigor bien cimentado y más bien proporcionado a la resistencia que necesariamente le oponen al Poder Ejecutivo, el Legislativo, el Judiciario y el pueblo de una república. Si no se ponen al alcance del Ejecutivo todos los medios que una justa atribución les señala, cae inevitablemente en la nulidad o en su propio abuso, quiero decir, en la muerte del gobierno, cuyos herederos son la anarquía, la usurpación y la tiranía. Se quiere contener la autoridad ejecutiva con restricciones y trabas: nada es más justo: pero que se advierta que los lazos que se pretenden conservar, se fortifiquen, sí, mas no se estrechan.

Que se fortifique, pues, todo el sistema del gobierno, y que el equilibrio se establezca de modo que no se pierda, y de modo que no sea su propia delicadeza una causa de decadencia. Por lo mismo que ninguna forma de gobierno es tan débil como la democrática, su estructura debe ser de la mayor solidez, y sus instituciones consultarse para la estabilidad. Si no es así, contemos con que se establece un ensayo de gobierno, y no un sistema permanente: contemos con una sociedad díscola, tumultuaria y anárquica, y no con un establecimiento social donde tengan su imperio la felicidad, la paz y la justicia.

No seamos presuntuosos, Legisladores; seamos moderados en nuestras pretensiones. No es probable conseguir lo que no ha logrado el género humano, lo que no han alcanzado las más grandes y sabias naciones. La libertad indefinida, la democracia absoluta, son los escollos adonde han ido a estrellarse todas las esperanzas republicanas. Echad una mirada sobre las repúblicas antiguas, sobre las repúblicas modernas, sobre las repúblicas nacientes: casi todas han pretendido establecerse absolutamente democráticas, y a casi todas se les han frustrado sus justas aspiraciones. Son laudables, ciertamente, los hombres que anhelan por instituciones legítimas y por una perfección social; pero ¿quién ha dicho a los hombres que ya poseen toda la sabiduría, que ya practican toda la virtud, que exigen imperiosamente la liga del poder con la justicia?

Angeles, no hombres, pueden únicamente existir libres, tranquilos y dichosos, ejerciendo todos la potestad soberana.

Ya disfruta el pueblo de Venezuela de los derechos que legítima y fácilmente puede gozar; moderemos ahora el ímpetu de las pretensiones excesivas que quizás le suscitaría la forma de un gobierno incompetente para él: abandonemos las formas federales que no nos convienen, abandonemos el triunvirato del Poder Ejecutivo, y concentrándolo en un Presidente, confiémosle la autoridad suficiente para que logre mantenerse luchando contra los inconvenientes anexos a nuestra reciente situación, al estado de guerra que sufrimos y a la especie de los enemigos externos y domésticos, contra quienes tendremos largo tiempo que combatir. Que el Poder Legislativo se desprenda de las atribuciones que corresponden al Ejecutivo y adquiera, no obstante, nueva consistencia, nueva influencia en el equilibrio de las autoridades. Que los tribunales sean reforzados por la estabilidad y la independencia de los jueces, por el establecimiento de jurados, de códigos civiles y criminales que no sean dictados por la antigüedad, ni por reyes conquistadores, sino por la voz de la naturaleza, por el grito de la justicia y por el genio de la sabiduría.

Mi deseo es que todas las partes del gobierno y administración adquieran el grado de vigor que únicamente puede mantener el equilibrio, no sólo entre los miembros que componen el gobierno, sino entre las diferentes fracciones de que se compone nuestra sociedad. Nada importaría que los resortes de un sistema político se relajasen por su debilidad, si esta relajación no arrastrase consigo la disolución del cuerpo social y la ruina de los asociados. Los gritos del género humano en los campos de batalla o en los cuerpos tumultuarios claman al cielo contra los inconsiderados y ciegos legisladores que han pensado que se pueden hacer impunemente ensayos de quiméricas instituciones. Todos los pueblos del mundo han pretendido la libertad, los unos por las armas, los otros por las leyes, pasando alternativamente de la anarquía al despotismo, o del despotismo a la anarquía: muy pocos son los que se han contentado con pretensiones moderadas, constituyéndose de un modo conforme a sus medios, a su espíritu y a sus circunstancias. No aspiremos a lo imposible, no sea que por elevarnos sobre la región de la libertad, descendamos a la región de la tiranía. De la libertad absoluta se desciende siempre al poder absoluto, y el medio entre estos dos términos es la suprema libertad social. Teorías abstractas son las que producen la perniciosa idea de una libertad ilimitada. Hagamos que la fuerza pública se contenga en los límites que la razón y el interés prescriben; que la voluntad nacional se contenga en los límites que un justo poder le señala; que una legislación civil y criminal, análoga a nuestra actual constitución, domine imperiosamente sobre el poder judiciario, y entonces habrá un equilibrio, y no habrá el choque que embaraza la marcha del Estado, y no habrá esa complicación que traba, en vez de ligar la sociedad.

Para formar un gobierno estable se requiere la base de un espíritu nacional que tenga por objeto una inclinación uniforme hacia dos puntos capitales: moderar la voluntad general y limitar la autoridad pública. Los términos que fijan teóricamente estos dos puntos, son de una difícil asignación; pero se puede concebir que la regla que debe dirigirlos es la restricción y la concentración recíproca, a fin de que haya la menos frotación posible entre la voluntad y el poder legítimo. Esta ciencia se adquiere insensiblemente por la práctica y por el estudio. El progreso de las luces es el que ensancha el progreso de la práctica, y la rectitud del espíritu es la que ensancha el progreso de las luces.

El amor a la patria, el amor a las leyes, el amor a los magistrados, son las nobles pasiones que deben absorber exclusivamente el alma de un republicano. Los venezolanos aman la patria, pero no aman sus leyes, porque éstas han sido nocivas y eran la fuente del mal; tampoco han podido amar a sus magistrados, porque eran inicuos, y los nuevos apenas son conocidos en la carrera en que han entrado. Si no hay un respeto sagrado por la patria, por las leyes y por las autoridades, la sociedad es una confusión, un abismo: es un conflicto singular de hombre a hombre, de cuerpo a cuerpo.

Para sacar de este caos nuestra naciente república, todas nuestras facultades morales no serán bastantes, si no fundimos la masa del pueblo en un todo, la composición del gobierno en un todo, la legislación en un todo, y el espíritu nacional en un todo. Unidad, unidad, unidad, debe ser nuestra divisa. La sangre de nuestros ciudadanos es diferente: mezclémosla para unirla; nuestra Constitución ha dividido los poderes: enlazémoslos para unirlos; nuestras leyes son funestas reliquias de todos los despotismos antiguos y modernos: que este edificio monstruoso se derribe, caiga, y apartando hasta sus ruinas, elevemos un templo a la justicia, y bajo los auspicios de su santa inspiración, dictemos un código de leyes venezolanas. Si queremos consultar monumentos y modelos de legislación, la Gran Bretaña, la Francia, la América Septentrional los ofrecen admirables.

La educación popular debe ser el cuidado primogénito del amor paternal del Congreso. Moral y luces son los polos de una república, moral y luces son nuestras primeras necesidades. Tomemos de Atenas su areópago, y los guardianes de las costumbres y de las leyes; tomemos de Roma sus censores y sus tribunales domésticos; y haciendo una santa alianza de estas instituciones morales, renovemos en el mundo la idea de un pueblo que no se contenta con ser libre y fuerte, sino que quiere ser virtuoso. Tomemos de Esparta sus austeros establecimientos, y formando de estos tres manantiales una fuente de virtud, demos a nuestra república una cuarta potestad cuyo dominio sea la infancia y el corazón de los hombres, el espíritu público, las buenas costumbres y la moral republicana. Constituyamos este areópago para que vele sobre la educación de los niños, sobre la instrucción nacional; para que purifique lo que se haya corrompido en la república, que acuse la ingratitud, el egoísmo, la frialdad del amor a la patria, el ocio, la negligencia de los ciudadanos: que juzgue de los principios de corrupción, de los ejemplos perniciosos, debiendo corregir las costumbres con penas morales, como las leyes castigan los delitos con penas aflictivas, y no solamente lo que choca contra ellas, sino lo que las burla; no solamente lo que las ataca, sino lo que las debilita; no solamente lo que viola la Constitución, sino lo que viola el respeto público. La jurisdicción de este tribunal, verdaderamente santo, deberá ser efectiva con respecto a la educación y a la instrucción, y de opinión solamente en las penas y castigos. Pero sus anales o registros donde se consignan sus actas y deliberaciones, los principios morales y las acciones de los ciudadanos, serán los libros de la virtud y del vicio. Libros que consultará el pueblo para sus elecciones, los magistrados para sus resoluciones, y los jueces para sus juicios. Una institución semejante por más que parezca quimérica, es infinitamente más realizable que otras que algunos legisladores antiguos y modernos han establecido con menos utilidad del género humano.

¡Legisladores! Por el proyecto de Constitución que reverentemente someto a vuestra sabiduría, observaréis el espíritu que lo ha dictado. Al proponeros la división de los ciudadanos en activos y pasivos, he pretendido excitar la prosperidad nacional por las dos más grandes palancas de la industria: el trabajo y el saber. Estimulando estos dos poderosos resortes de la sociedad, se alcanza lo más difícil entre los hombres: hacerlos honrados y felices. Poniendo restricciones justas y prudentes en las asambleas primarias y electorales, ponemos el primer dique a la licencia popular, evitando la concurrencia tumultuaria y ciega que en todos tiempos ha imprimido el desacierto en las elecciones, y ha ligado por consiguiente el desacierto a los magistrados y a la marcha del gobierno; pues este acto primordial es el acto generativo de la libertad o de la esclavitud de un pueblo.

Aumentando en la balanza de los poderes el peso del Congreso por el número de los legisladores, y por la naturaleza del Senado, he procurado darle una base fija a este primer cuerpo de la nación, y revestirlo de una consideración importantísima para el éxito de sus funciones soberanas.

Separando con límites bien señalados la jurisdicción ejecutiva de la jurisdicción legislativa, no me he propuesto dividir, sino enlazar con los vínculos de la harmonía que nace de la independencia, estas potestades supremas, cuyo choque prolongado jamás ha dejado de aterrar a uno de los contendientes. Cuando deseo atribuir al Ejecutivo una suma de facultades superior a la que antes gozaba, no he deseado autorizar a un déspota para que tiranice la República, sino impedir que el despotismo deliberante no sea la causa inmediata de un círculo de vicisitudes despóticas en que alternativamente la anarquía sea reemplazada por la oligarquía y por la monocracia. Al pedir la estabilidad de los jueces, la creación de jurados, y un nuevo código, he pedido al Congreso la garantía de la libertad civil, la más preciosa, la más justa, la más necesaria, en una palabra, la única libertad, pues que sin ella las demás son nulas. He pedido la corrección de los más lamentables abusos que sufre nuestra judicatura, por su origen vicioso de ese piélago de legislación española, que semejante al tiempo, recoge de todas las edades y de todos los hombres, así las obras de la demencia como las del talento, así las producciones sensatas como las extravagantes, así los monumentos del ingenio como los del capricho. Esta enciclopedia judiciaria, monstruo de diez mil cabezas, que hasta ahora ha sido el azote de los pueblos españoles, es el suplicio más refinado que la cólera del cielo ha permitido descargar sobre este desdichado imperio.

Meditando sobre el modo efectivo de regenerar el carácter y las costumbres que la tiranía y la guerra nos han dado, me he sentido la audacia de inventar un Poder Moral, sacado del fondo de la oscura antigüedad y de aquellas olvidadas leyes que mantuvieron, algún tiempo, la virtud entre los griegos y romanos. Bien puede ser tenido por un cándido delirio, mas no es imposible, y yo me lisonjeo que no desdeñaréis enteramente un pensamiento que, mejorado por la experiencia y las luces, puede llegar a ser muy eficaz.

Horrorizado de la divergencia que ha reinado y debe reinar entre nosotros por el espíritu sutil que caracteriza al gobierno federativo, he sido arrastrado a rogaros para que adoptéis el centralismo y la reunión de todos los Estados de Venezuela en una República sola e indivisible. Esta medida, en mi opinión, urgente, vital, redentora, es de tal naturaleza que, sin ella, el fruto de nuestra regeneración será la muerte.

Mi deber es, Legisladores, presentaros un cuadro prolijo y fiel de mi administración política, civil y militar; mas sería cansar demasiado vuestra importante atención, y privaros en este momento de un tiempo tan precioso como urgente. En consecuencia, los Secretarios de Estado darán cuenta al Congreso de sus diferentes Departamentos, exhibiendo al mismo tiempo los documentos y archivos que servirán de ilustración para tomar un exacto conocimiento del estado real y positivo de la República.

Yo no os hablaría de los actos más notables de mi mando, si estos no incumbiesen a la mayoría de los venezolanos. Se trata, Señor, de las resoluciones más importantes de este último período. La atroz e impía esclavitud cubría con su negro manto la tierra

de Venezuela, y nuestro cielo se hallaba recargado
de tempestuosas nubes que amenazaban un diluvio
de fuego. Yo imploré la protección del Dios de la
humanidad, y luego la redención disipó las tempestades.
La esclavitud rompió sus grillos, y Venezuela se ha
visto rodeada de nuevos hijos, de hijos agradecidos
que han convertido los instrumentos de su cautiverio
en armas de libertad. Sí, los que antes eran esclavos,
ya son libres: los que antes eran enemigos de una
madrastra, ya son defensores de una patria. Encare-
ceros la justicia, la necesidad, y la beneficencia de
esta medida, es superfluo, cuando vosotros sabéis la
historia de los Ilotas, de Espartaco y de Haití: cuando
vosotros sabéis que no se puede ser libre y esclavo
a la vez, sino violando a la vez las leyes naturales, las
leyes políticas y las leyes civiles. Yo abandono a
vuestra soberana decisión la reforma o la revocación
de todos mis estatutos y decretos; pero yo imploro
la confirmación de la libertad absoluta de los esclavos,
como imploraría mi vida y la vida de la República.
Representaros la historia militar de Venezuela,
sería recordaros la historia del heroísmo republicano
entre los antiguos: sería deciros que Venezuela ha
entrado en el gran cuadro de los sacrificios hechos
sobre el altar de la libertad. Nada ha podido llenar
los nobles pechos de nuestros generosos guerreros,
sino los honores sublimes que se tributan a los bienhechores del género humano. No combatiendo por
el poder, ni por la fortuna, ni aun por la gloria, sino
tan sólo por la libertad, títulos de Libertadores de la
República son sus dignos galardones. Yo, pues,
fundando una sociedad sagrada con estos ínclitos
varones, he instituido la Orden de los Libertadores

de Venezuela. ¡Legisladores! A vosotros pertenecen las facultades de conceder honores y condecoraciones; vuestro es el deber de ejercer este acto augusto de la gratitud nacional.

Hombres que se han desprendido de todos los goces, de todos los bienes que antes poseían, como el producto de su virtud y talentos; hombres que han experimentado cuanto es cruel en una guerra horrorosa, padeciendo las privaciones más dolorosas y los tormentos más acerbos; hombres tan beneméritos de la patria han debido llamar la atención del gobierno: en consecuencia, he mandado recompensarlos con los bienes de la nación. Si he contraído para con el pueblo alguna especie de mérito, pido a sus representantes oigan mi súplica como el premio de mis débiles servicios. Que el Congreso ordene la distribución de los Bienes Nacionales, conforme a la ley que a nombre de la República he decretado a beneficio de los militares venezolanos.

Ya que por infinitos triunfos hemos logrado anonadar las huestes españolas, desesperada la corte de Madrid ha pretendido sorprender vanamente la conciencia de los magnánimos soberanos que acaban de extirpar la usurpación y la tiranía en Europa, y deben ser los protectores de la legitimidad y de la justicia de la causa americana. Incapaz de alcanzar con sus armas nuestra sumisión, recurre la España a su política insidiosa: no pudiendo vencernos ha querido emplear sus artes suspicaces. Fernando se ha humillado hasta confesar que ha menester de la protección extranjera para retornarnos a su ignominioso yugo, ¡ a un yugo que todo poder es nulo para imponerlo! Convencida Venezuela de poseer la fuerza suficiente para repeler a sus opresores, ha pronunciado por el órgano del gobierno su última voluntad de combatir hasta expirar, por defender su vida política, no sólo contra la España, sino contra todos los hombres, si todos los hombres se hubiesen degradado tanto que abrazasen la defensa de un gobierno devorador, cuyos únicos móviles son una espada exterminadora y las llamas de la Inquisición. Un gobierno que ya no quiere dominios, sino desiertos; ciudades, sino ruinas; vasallos, sino tumbas. La Declaración de la República de Venezuela es el acta más gloriosa, más heroica, más digna de un pueblo libre; es la que con mayor satisfacción tengo el honor de ofrecer al Congreso, ya sancionada por la expresión unánime del pueblo libre de Venezuela.

Desde la segunda época de la República, nuestro ejército carecía de elementos militares; siempre ha estado desarmado; siempre le han faltado municiones; siempre ha estado mal equipado. Ahora los soldados defensores de la independencia no solamente están armados de la justicia, sino también de la fuerza. Nuestras tropas pueden medirse con las más selectas de Europa, ya que no hay desigualdad en los medios destructores. Tan grandes ventajas las debemos a la liberalidad sin límites de algunos generosos extranjeros que han visto gemir la humanidad y sucumbir la causa de la razón, y no la han visto como tranquilos espectadores, sino que han volado con sus protectores auxilios y han prestado a la República cuanto ella necesitaba para hacer triunfar sus principios filantrópicos. Estos amigos de la humanidad son los genios custodios de la América, y a ellos somos deudores de un eterno reconocimiento, como igualmente de un cumplimiento religioso a las sagradas obligaciones que con ellos hemos contraído. La deuda nacional, Legisladores, es el depósito de la fe, del honor y de la gratitud de Venezuela. Respetadla como el arca santa, que encierra no tanto los derechos de nuestros bienhechores, cuanto la gloria de nuestra fidelidad. Perezcamos primero que quebrantar un empeño que ha salvado la patria y la vida de sus hijos.

La reunión de la Nueva Granada y Venezuela en un Grande Estado, ha sido el voto uniforme de los pueblos y gobierno de estas repúblicas. La suerte de la guerra ha verificado este enlace tan anhelado por todos los colombianos: de hecho estamos incorporados. Estos pueblos hermanos ya os han confiado sus intereses, sus derechos, sus destinos. Al contemplar la reunión de esta inmensa comarca, mi alma se remonta a la eminencia que exige la perspectiva colosal, que ofrece un cuadro tan asombroso. Volando por entre las próximas edades, mi imaginación se fija en los siglos futuros, y observando desde allá, con admiración y pasmo, la prosperidad, el esplendor, la vida que ha recibido esta vasta región, me siento arrebatado y me parece que ya la veo en el corazón del universo, extendiéndose sobre sus dilatadas costas entre esos océanos que la naturaleza había separado y que nuestra patria reune con prolongados y anchurosos canales. Ya la veo servir de lazo, de centro, de emporio a la familia humana. Ya la veo enviando a todos los recintos de la tierra los tesoros que abrigan sus montañas de plata y de oro. Ya la veo distribuyendo por sus divinas plantas la salud y la vida a los hombres dolientes del antiguo universo. Ya la veo comunicando sus preciosos secretos a los sabios que ignoran cuán superior es la suma de las luces a la suma de las riquezas que le ha prodigado la naturaleza. Ya la veo sentada sobre el trono de la libertad, empuñando el cetro de la justicia, coronada por la gloria, mostrar al mundo antiguo la majestad del mundo moderno.

Dignáos, Legisladores, acoger con indulgencia la profesión de mi conciencia política, los últimos votos de mi corazón y los ruegos fervorosos que a nombre del pueblo me atrevo a dirigiros. Dignáos conceder a Venezuela un gobierno eminentemente popular, eminentemente justo, eminentemente moral, que encadene la opresión, la anarquía y la culpa: un gobierno que haga reinar la inocencia, la humanidad y la paz: un gobierno que haga triunfar, bajo el imperio de leyes inexorables, la igualdad y la libertad.

Señor: empezad vuestras funciones; yo he terminado las mías.

www.ingramcontent.com/pod-product-compliance
Ingram Content Group UK Ltd.
Pitfield, Milton Keynes, MK11 3LW, UK
UKHW042149280225
455719UK00001B/211